Carl Jügel

Taunus-Album

RUTH GERIG VERLAG

Die Deutsche Bibliothek – CIP – Einheitsaufnahme
Jügel, Carl: Taunus-Album / Carl Jügel. [Farbfotos: Uwe Gerig]. –
Königstein/Taunus :
Gerig 1996
(Reise-Klassiker; Bd. 2)
ISBN 3-928275-59-3
NE: GT

 Forellenweg 25, 61462 Königstein / Taunus, Telefon 0 61 74 / 2 20 31, Fax 2 50 03. Modifizierter Nachdruck des 1839 erschienenen Buches „Taunus-Album“. Satzherstellung: Rolf W. Spitznagel, Frankfurt/Main. Lithoherstellung: Hans Altenkirch. Gesamtherstellung: Tiskarna Ljudske Pravice, Ljubljana, Republik Slowenien. Zweiter Band der Reihe „Reise-Klassiker“. ISBN 3-928275-59-3. Der Verlag dankt den Mitarbeitern des Kreisarchivs des Hochtaunuskreises für die Bereitstellung historischen Bildmaterials. Farbfotos: Uwe Gerig.

„Die Welt ist vollkommen überall wo der Mensch nicht hinkommt mit seiner Qual."

Wer sollte nicht unwillkürlich in die bekannten Worte unseres tiefführenden Lieblingssängers Schiller ausbrechen, wenn er sich den beengenden Labyrinthen der Häuserwelt entwunden und sich aus den sorgenbereitenden Verhältnissen des täglichen Lebens hinausgerettet hat in die freie, Freude und Friede atmende Natur? Je mächtiger die tausendgestaltige ihren lieblichen Zauberstab schwingt in gewaltigen erhabenen oder in milden beruhigenden Bildungen, desto leichter wird es uns, wieder Kinder zu werden der alliebenden Mutter, und den Honig der Erquikkung von allen Blumen zu saugen an dem Rande der Quelle, auf den grünenden Matten, im dämmernden Hain, auf den äthergekrönten Felsen. – Und wir sollten deinen Beifall nicht verdienen, geneigter Beschauer, wir Bilder einer so reizenden Stätte im deutschen Lande, die wir kommen, dich einzuladen in des Taunus heimliche Gründe, auf die freien Höhen seiner Berge, damit du schauest den Reichtum der Schöpfung und dich erfreuest an den lachenden Gefilden seiner Umgebung!

Zwei herrliche Gaue liegen freundlich umschlungen vor deinen Blikken, gebildet durch die Vereinigung des ruhig hinziehenden Main's mit dem stolz daher strömenden Rheine, dem starken Gletschersohne des riesigen Gotthard. – Während sich im Süden dieser lachenden Gefilde die reizende Bergstraße ausbreitet, belebt von dem Zuge der den Alpen zueilenden Reisenden, erhebt sich nördlich die so malerische Bergkette des Taunus, in ihrem Schoße so viele und mannigfaltige Schönheiten bergend, die jedoch größtenteils nur den diesem herrlichen Gebirge nahe wohnenden Naturfreunden bekannt sind und an denen zur Zeit noch die vielen nur der großen Heerstraße folgenden Fremden gleichgültig vorüberziehen, nicht ahnend, welche Naturschönheiten sie unbesucht zur Seite lassen.

Vor allem sind es die Bewohner Frankfurts und der benachbarten Städte, die sich den lieblichen Thälern und Höhen zuwenden und die, ihre reichen Gewölbe und Speicher verlassend, sich hier, unter dem dunkeln Grün der Kastanienwälder oder an den üppigen Matten durchrieselnden Quellen gelagert, an schönen sonnigen Tagen des Lebens freuen und inne werden, wofür sie arbeiten, sorgen und wachen. Wie viele ihrer frohesten Erinnerungen knüpfen sich an diese Gegenden und wer jemals einen von heiterem Wetter begünstigten Festtag darinnen verweilte, folgt gewiß gerne der Reihenfolge dieser Bilder, um im Beschauen noch einmal der frohen Stunden sich zu erinnern, die er da oder dort verlebte.

So wie in der Regel die munteren Taunuswanderer ihren fröhlichen Zug nach dem Gebirge verfolgen, so sind auch hier die gegebenen Darstellungen geordnet, und wer sie durchblättert, reicht in der Erinnerung bei der Ansicht von Höchst noch einmal seinen Tribut an dem bekannten Chausseehause, oder verproviantiert sich im Laden daneben mit frischen Bubenschenkeln, dem eigentümlichen Confecte der Höchster. Dann zieht er mit uns hinauf zur Hochheimer Kapelle, um in dem sie umgebenden Eichenhaine zu rasten, und setzt neu erkräftiget seinen Weg fort durch die blumigen waldbekränzten Auen des Lorsbacher Thales, an der hier abgebildeten bekannten Mühle vorüber, bis ihm das romantische Eppstein als erstes Ziel seiner Wanderung entgegenwinkt, wo er nach eingenommenem Frühstück von den Ruinen der alten Burg sich der schönen Aussicht auf die sie umgebenden Thäler erfreut.

Von da geht es weiter durch das liebliche Fischbacher Thal an der einsam aber reizend gelegenen rothen Mühle vorüber nach Königstein, wo sich vor dem müden Wanderer nicht nur die mannigfaltigsten Aussichten und Naturschönheiten entfalten, sondern ihn auch in den gastlich eingerichteten Hotels reichgesetzte Tafeln erwarten, um ihm ein fröhliches stärkendes Mittagsmahl zu bieten. Neu belebt von den Genüssen, die Küche und Keller gewährten, geht der muntere Zug nach dem im nahen Walde gelegenen Dörr'schen Häuschen und den Ruinen der Burg Falkenstein, wo sich die fröhlichen Scharen lagern, und unter Scherz und Gesang die reichgesegneten Fluren überschauen, die sich hier im reichsten Schmuck und in der weitesten Ausdehnung vor ihren Blicken ausbreiten. Erfüllt und entzückt von all dem Schönen und Herrlichen, was das Auge von diesen Höhen bis in die weitesten Fernen erspähte, steigt man hinab und verfolgt den lieblichen Wiesenpfad nach dem altertümlichen und geschichtlich interessanten Kronberg, um sich von hier aus nach dem neuen Kurort Kronthal zu begeben, wo man an dem stattlichen Kurhaus einem neuen Kreis von Gästen entgegentritt, die sich hier um die vom Nachmittags-Kaffee dampfenden Tische gruppiert haben. Unter neu angetroffenen Bekannten verplaudern sich schnell einige Stunden, bis die sinkende Sonne an den Heimweg oder an das Abendmahl erinnert, zu dessen Einnahme sich das durch seine Heilquellen stets berühmter werdende Soden trefflich eignet, indem man daselbst sowohl gastlich aufgenommen ist, als sich auch von hier die ebenen Straßen nach allen Richtungen am besten zum nächtlichen Rückwege eignen.

Seltener wird das mehr seitwärts gelegene Homburg mit einem Ausflug in den Taunus in Verbindung gebracht, da die herrlichen Umgebungen dieses neuen Badeortes, dem es noch vorbehalten ist einst, wie auch Soden, eine bedeutende Stelle unter den Heilquellen einzunehmen, eines besonderen Besuches vollkommen wert sind, und auch für sich allein einen vollen Tag in Anspruch nehmen, an welchem dann gewöhnlich auch das interessante Städtchen Oberursel heimgesucht wird, dem wir ebenfalls eine Darstellung gewidmet haben.

Wenn nun die Schönheiten des Taunus, der unsere Schweiz im Kleinen ist, von seinen Nachbarn längst anerkannt und gewürdigt wurden, so ist dagegen allen Fremden und Reisenden, die in seine Nähe kommen und die sich aus der Ferne an den malerischen Formen seines Gebirgszuges erfreuen, nicht dringend genug anzuempfehlen, es bei dem beifälligen Anschauen aus der Ferne nicht bewenden zu lassen, sondern ihren Weg vom Rheine nach Frankfurt oder umgekehrt durch diese anmutigen Thäler zu nehmen, in denen sie nicht nur eine Fülle von Naturschönheiten finden werden, die sie in weiterer Ferne oft vergeblich aufsuchen, während sie hier der Heerstraße folgend ganz nahe daran vorüberziehen; sondern der Reichtum an geschichtlichen Denkmälern, Ruinen und Sagen wird sie gewiß reichlich entschädigen für den kleinen Umweg, den sie denselben zum Opfer bringen, und die gastliche Aufnahme, die sie überall, wo sie anhalten, erwartet, wird sie nichts von dem gewohnten Komfort entbehren lassen.

Höchst

Zwei Stunden unterhalb Frankfurt, dicht am Main, liegt in einer anmutigen Ebene das freundliche Städtchen Höchst, ein alter Ort, der schon im 8. Jahrhundert unter dem Namen Hochstate vorkommt, zu welcher Zeit daselbst eine Kirche über der Leiche des

Blick auf Höchst im 19. Jahrhundert.

hl. Justinus erbaut wurde. Die jetzige, nicht uninteressante Kirche stammt aus dem 15. Jahrhundert, wo sich die Antoniter hier niederließen, ein Ordenshaus errichteten und bis in die neueren Zeiten bestanden. Höchst mußte im Laufe der Zeiten vieles Ungemach erdulden und die im Mittelalter stark befestigte Burg wurde mehrmals zerstört und wieder aufgebaut. Am meisten aber hatte der Ort im Dreißigjährigen Kriege zu leiden. Nicht weniger als sechsmal wurde Höchst erobert, das Schloß nach Abzug der Schweden von den Frankfurtern gesprengt und in Asche gelegt, die Stadt fast gänzlich zu Grunde gerichtet und alle Einwohner erschlagen bis auf wenige, die sich in geheime unterirdische Gänge flüchteten und so ihr Leben retteten. Auch später im Jahr 1813 wurde das Städtchen bei dem Rückzug der Franzosen nach den Schlachten bei Leipzig und Hanau hart mitgenommen. – Ein reicher Italiener, der Tabacksfabrikant Bolongaro, dem man die Ansiedlung zu Frankfurt erschwerte oder gar verweigerte, faßte den Entschluß, sich hier niederzulassen und einen ausgedehnten Handelspallast zu erbauen, der an Glanz alles ähnliche in Frankfurt überstrahlen und die eigensinnigen Reichsbürger bereuen lassen sollte, einen so reichen und unternehmenden Mitbürger zurückgewiesen zu haben. Das Gebäude wurde in der That 1778 mit aller Pracht vollendet. Seine Räume sind jedoch jetzt leider meist verödet, da die Nachkommen des Gründers das bedeutende Geschäft nach Frankfurt verlegt und den Pallast ihres Ahnen verlassen haben. Schon als Sitz eines bedeutenden Amtes ist Höchst belebt, noch mehr durch die um die Mittagsstunde hier anhaltenden Marktschiffe von Mainz und Frankfurt und die hier durchführenden sehr frequenten Straßen nach Mainz, Wiesbaden, Soden und Königstein. Die Umgegend ist freundlich und die gegenwärtig in schöne Gärten und Anlagen verwandelten alten Schloß- und Stadtgräben erhöhen den malerischen Eindruck, den das Ganze gewährt. Unsere Ansicht bietet den schönsten Prospekt des Städtchens dar. Sie ist von dem linken Nidda-Ufer aus aufgenommen und hebt gerade das Merkwürdigste hervor: den Pallast von Bolongaro, die Pfarrkirche und den weithin sichtbaren, hohen minarettartigen Turm, der zu dem niedergerissenen Schloß gehörte, das einst die Kurfürsten von Mainz bewohnten. Im Hintergrunde erblicken wir die zarten Umrisse des Taunus, der sich, als die höchste Zierde unserer Gegend, eine Stunde von Höchst im Norden aus der Ebene erhebt die mannigfaltigsten, reichsten Ansichten darbietet, und in der schönen Jahreszeit Tausende von Wanderern herbeilockt. Unser Album gibt die Bilder der interessantesten Punkte dieses Gebirges, dem man den Namen der kleinen Schweiz am Main mit vollem Recht beilegen darf. Wer von Frankfurt aus durch das Lorsbacher Thal in den Taunus eintreten will, nimmt seinen Weg gewöhnlich über Höchst, darum denn auch mit diesem gemütlichen Städtchen die Reihenfolge der Taunusbilder eröffnet wird.

Hofheimer Kapelle

Über Hofheim, einem alten enggebauten Städtchen, wohin sich die Gebirgsreisenden gewöhnlich zuerst wenden, um hier in bequemen Gasthöfen zu übernachten, erhebt sich ein steiler Hügel, auf dessen Gipfel eine alte Waldkapelle weit in die Ebene hinaus schaut. Man versäume es nicht, diese Höhe zu besteigen, denn die kurze Mühe wird reichlich belohnt. Der bequemste Weg führt vom östlichen Ende Hofheims durch Gärten am Friedhof vorüber. Weiter hinauf durch Weinpflanzungen kommt man in den Eichwald, der mit Fichten eingesäumt ist.

Die Hofheimer Kapelle im 19. Jahrhundert.

Nach kurzem mühsamen Steigen ist man auf der Spitze an der Kapelle angelangt, zu welcher früher aus der Nähe und Ferne gewallfahrtet wurde. Noch jetzt wird wöchentlich Gottesdienst in der Kapelle gehalten, und das wohltönende Glöcklein lädt nicht vergeblich die Bewohner Hofheims und der umliegenden Mühlen zur Andachtsübung ein. Bei der Kapelle angelangt, ergötzt sich das Auge an einer der herrlichsten Aussichten. Auf beiden Seiten hin dehnt sich das Gebirge aus, unter uns liegt Hofheim mit seiner alten, hohen, gothischen Kirche, vor uns die reiche, weitausgedehnte Ebene, vom Maine durchströmt, mit Städten und Dörfern bedeckt. Im Osten der Spessart, im Süden der Odenwald, im Westen der Donnersberg. Ungern trennt sich der Wanderer von dem erhebenden Blick in die freie Weite, um die Schritte weiter zu lenken in das Innere des Gebirges. Aber manche frohe Schar benachbarter Städter, denen die Geschäfte der Woche nur an Sonn- und Festtagen einen kurzen Ausflug in diese reizenden Gegenden gestatten, wählt diesen Punkt, um sich hier im Freien zu lagern, und ein erfreulicher Anblick sind dem Wanderer diese fröhlichen Gruppen, die mit ihrem mutwilligen Frohsinn die einsamen Waldpartien beleben.

Das Lorsbacher Thal

Nordwestwärts von der Hofheimer Kapelle steigt man den jähen Berg herunter in das sogenannte Lorsbacher Thal, eine der schönsten Partien des Gebirges. Das Auge, auf der Höhe noch weit in die Ferne schweifend, ist nun plötzlich im engen Thale gefesselt. Begrenzt ist der Blick, aber gerne verweilt er auf den nahen reizenden Umgebungen. Glaubte doch einst ein Wanderer nach Spanien versetzt zu sein, als er eintrat in dieses stille, liebliche, romantische Thal, dessen Formen einen ganz eigentümlich lieblichen Charakter tragen. Auf beiden Seiten Berge, immer höher emporsteigend, je weiter man aufwärts geht, größtenteils bis in das Thal bewaldet, das einen üppigen, blumenreichen Wiesengrund bildend, in vielfachen Krümmungen sich hinzieht. Ihnen folgend durchschlängelt den wiesigen Grund ein starker Bach, der bald stille, bald murmelnd oder rauschend, manches Mühlenrad treibend, des Thales Mitte durchfließt und der Ebene zueilt. In der Mitte des zwei Stunden langen Thales, die ganze Breite desselben einnehmend, liegt das Dorf Lorsbach mit einer gar freundlichen Kirche. Gegen das Ende des Thales hin bietet sich uns die Ansicht dar, die unser Bild wiedergibt. Ein Vorsprung des mächtigen Felsens zur Rechten berührt beinahe das Dach der Mühle. Jenseits des Baches erhebt sich der steile Staufenberg, auf dessen Gipfel eine weite Aussicht uns überrascht. Von dem Mannsteine, einem Felsen auf der Höhe des Staufen, erzählt uns die Volkssage, daß von dem hier hausenden Bergriesen eine Edeltochter von Falkenstein entführt wurde, die ein fremder Ritter durch blutigen Kampf zu befreien versuchte. In dem Augenblick, wo er als Sieger seine Geliebte umarmen will, wird er von dem Riesen versteinert, das entführte Fräulein aber von einem Engel in ihre Burg zurückgebracht. Der versteinerte Ritter harret als obenerwähnter menschenähnlicher Fels noch bis heute seiner Erlösung. Noch besonders merkwürdig ist der Staufen durch die römischen Grabhügel, die man daselbst entdeckt.

Eppstein

Wenden wir uns vom Lorsbacher Thale aus zur Linken, so erblicken wir das Städtchen Eppstein, hineingedrängt in ein enges Thal, überragt von den Ruinen der Doppelburg gleichen Namens. Bietet auch das Städtchen selbst nur wenig Anziehendes, so fesselt

um so mehr seine herrliche wildromantische Lage und die an interessanten Partien und Punkten so reiche Umgebung. Darum trifft man denn auch hier in der warmen Jahreszeit zahlreiche Gesellschaften, die von hier aus die Höhen erklimmen und die Thäler durchwandern. Gastliche Aufnahme findet man in dem Städtchen selbst, so wie in der nahen sogenannten Oelmühle. Gar reizend ist die Lage dieser freundlichen Herberge zwischen dem Lorsbacher- und Fischbacher Thale am Fuße des Rossert und Staufen, begrenzt von Gärten und Wiesen. Eine nahe Mineralquelle wird zu Bädern benutzt, die man in dem Gasthause eingerichtet. Den ganzen Sommer über wohnen hier Fremde, um die Schönheiten der stillen, freundlichen Natur und die ländliche Ruhe zu genießen. Unsere Ansicht gibt uns ein recht anschauliches Bild von Eppstein und seiner schönen romantischen Lage zwischen hohen und rauhen Bergen. Aus dem Städtchen erhebt sich der mißgestaltete Turm der Kirche, die aus dem 12. Jahrhundert stammt und mehrere Grabmäler und Bildsäulen der Dynasten von Eppstein enthält. Auf dem hohen steilen Felsen über dem Orte liegt vor uns das verwüstete verfallene Schloß Eppstein, einstens herrlich und glanzvoll in die Thäler niederschauend.

Burg Eppstein

Unbekannt ist die Zeit der Erbauung der Burg Eppstein. Der Sage nach hat ein Eppe das Schloß gegründet, der zuvor einen Bergriesen überwältigen mußte, der in seinem Bereiche keine Burgen dulden wollte. Seiner List gelang es, den Riesen in einem eisernen Netze zu fangen, und nun schleuderte er ihn vom senkrechten Felsen hinab in die Tiefe. Die über dem Burgtor angeschmiedeten Wallfischgerippe wurden lange Zeit für die Knochen des Riesen ausgegeben. – Im Mittelalter hauste auf der Burg Eppstein ein mächtiges Rittergeschlecht, reich an Besitzungen zwischen Rhein, Main und Lahn. Nicht weniger als fünf Erzbischöfe von Mainz gingen aus dem Geschlecht der Grafen von Eppstein hervor und darunter sehr einflußreiche, mächtige Männer. Von dem Erzbischof Siegfried I. wurde die Liebfrauenkirche zu Mainz vollendet. Der zweite Siegfried machte den Zug nach Palästina mit und wurde Patriarch zu Jerusalem. Der Erzbischof Werner verhalf dem Grafen Rudolph von Habsburg zur deutschen Kaiserkrone, der Erzbischof Gerhard II. erhob seinen Vetter Adolph von Nassau auf den deutschen Kaiserthron und stürzte ihn wieder. „Ich habe die Kaiser in der Tasche", rühmte von sich dieser Gerhard. – Im 16. Jahrhundert starben die Herren von Eppstein aus, der größte Teil ihrer Besitzungen fiel an Hessen – Burg und Städtchen in neuerer Zeit an Nassau. Das einst starkbefestigte Schloß ist jetzt größtenteils Ruine, nur ein hoher, schlanker Thurm hat sich noch ziemlich unversehrt erhalten, und einzelne Räume hat man in wohnliche Zimmer nach dem neueren Geschmack verwandelt, aus denen man in die reizende Umgegend eine schöne Aussicht genießt. Die Burggräben und der Hofraum sind mit Blumen und Gebüsch reich und geschmackvoll angelegt.

Die rothe Mühle

Von Eppstein nach Königstein führt der Weg durch das romantische Fischbacher Thal. Nach kurzer Wanderung hat man dessen Ausgang erreicht, und vor uns sehen wir das „freundlich gelegene, umschattete Dörfchen Fischbach. Die stillen dunkeln Thäler des inneren Gebirges haben wir nun verlassen und sind wieder ins Freie hervorgetreten. Ein ganz anderer Charakter ist hier der Gegend aufgeprägt. – Südlich vom Staufen, und den sich an ihn anreihenden Bergen hinunter, zieht sich ein wasserreicher fruchtbarer

Die Burgruine von Eppstein im 19. Jahrhundert.

Die rote Mühle im 19. Jahrhundert.

Grund hin, der durch seine große Abwechslung von sanften Höhen und Tiefen, Mühlen und Höfen, Hainen, Wiesen und Feldern die mannigfaltigsten Ansichten darbietet, und sowohl nach der Ebene als nach dem Gebirge hin die verschiedenartigsten Aussichten gewährt. Unser Bild gibt einen der schönsten Punkte dieser Gegend. Wir befinden uns in der Nähe der sogenannten rothen Mühle bei Altenhain. Die Mühle liegt etwas erhöht und vorüber rauscht ein starker Mühlbach. Von hier aus hat man besonders nach der Ruine Königstein, die wir im Hintergrunde unserer Ansicht wahrnehmen, einen freien Blick. Etwas nördlich sehen wir das Dörfchen Schneidheim und gegenüber einen Teil des Hartenberges. – Die reizende Lage der rothen Mühle, in der man gastliche Aufnahme findet, und deren romantische Umgebung so anziehend ist, lockt viele Besucher und namentlich die Kurgäste von Soden herbei, die hier an heißen Tagen in der schattigen Kühle der Wiesengründe ihre Nachmittage zubringen.

Königstein

Von der rothen Mühle aus gelangt man, auf dem anmutigsten Pfade über Schneidheim nach dem hochgelegenen Königstein, einem der beliebtesten Punkte am Taunus. In der That bietet auch die Gegend von Königstein so eigentümliche Reize und Schönheiten dar, daß man gewiß nicht ohne reichen Genuß und Befriedigung in ihr verweilt. Der Ort hieß in älteren Zeiten Groß-Nürings und gehörte den damals mächtigen Herren von Falkenstein. Später kam er unter die Regierung von Chur-Mainz und zuletzt an das Herzogtum Nassau. Die erste Ansicht, die wir von diesem Vereinigungspunkte fast aller Taunuswanderer geben, ist von dem nahen Falkenstein aus aufgenommen und gibt uns ein freundliches Bild des Städtchens, das am südöstlichen Abhange des kegelförmigen Berges liegt, auf dessen Spitze die zerstörte Veste Königstein thront. Die höheren Berge des Taunus bilden um Königstein ein erhabenes Amphitheater, während nach Süden und Südosten hin die Aussicht in die tiefgelegene Ebene offen ist. Die reizende Lage von Königstein, die reine stärkende Bergluft zieht im Sommer viele Gäste herbei, die öfters längere Zeit hier verweilen und für deren gute Aufnahme und Bewirtung in mehreren Gasthöfen, besonders im Löwen, einem ehemaligen Kapuziner-Kloster, gesorgt ist. Einige Familien von Frankfurt haben sich hier angekauft und bringen einen großen Teil des Sommers hier zu. Das ansehnliche Haus links von der Festung abwärts gehört der Dörr'schen Familie in Frankfurt, die den Eingang in die geschmackvoll angelegte Umgebung ihres Landhauses allen Fremden freundlich gestattet. – Von Königstein aus werden größtenteils die Partien auf den Feldberg gemacht, wohin von hier die bequemste Straße führt. Der Feldberg ist die Krone des Taunus und der höchste Berg im südwestlichen Deutschland. 2673 Fuß über der Meeresfläche erhaben, überschaut man von dessen mit Heidekraut bewachsenen feldartigen obersten Fläche ein großes imposantes Rundgemälde der schönen und erhabenen Natur im Umkreise von etwa 150 Stunden, was uns den Anblick von mehr denn 12 Städten und etwa 100 anderen Ortschaften darbietet, ein Bild, das an segenreicher Fülle gewiß von keinem anderen übertroffen wird. Bei hellem Wetter erblickt man gegen Osten den Inselsberg bei Gotha, das Rhöngebirg bei Fulda und den Spessart in Franken, gegen Süden den Katzenbuckel im Odenwalde, den Melibocus bei Auerbach, den Oelberg bei Schriesheim an der Bergstraße, den Heiligenberg und Königstuhl bei Heidelberg, den Merkusberg bei Baden und den Donnon unter den Vogesen; gegen We-

Stadtansicht von Königstein im 19. Jahrhundert.

sten den Donnersberg bei Alzei, den Münsterberg bei Bingen, die Höhen an der Mosel und das Siebengebirg bei Bonn; gegen Nord-Westen die Bergkette in Westphalen, den Huban und First bei Ems, und den Westerwald; gegen Norden den Dunsberg bei Gießen, den Meißner in Nieder-Hessen und den Bergrücken bei Gilsenberg vor dem Habichtswalde bei Kassel. Der fabelhafte Brunehildisfelsen, von wo aus die schöne und heillose austrasische Königin Brunehildis ihr Reich überschaut haben soll, ist ein Schutz- und Lagerort der Besuchenden, die an schönen Sommertagen in frohen Schaaren heraufziehen und sich an der wundervollen Aussicht ergötzen. Von hier aus überblickt man auch den hohen Altkönig, der sich 2400 Fuß hoch über das Meer erhebt und von einem dreifachen kolossalen Steinwalle umgürtet, dessen Ursprung man aber nicht kennt, und fühlt sich näher dem Himmel im freien Umherschauen auf Deutschlands Prachtgefilde. – Nur 50 Fuß niedriger als der Feldberg liegt der kleine Feldberg und bildet nebst ihm und dem Altkönig drei erhabene Berggipfel, die rundum in der Ferne, wie Pfeiler des Himmels, in die Höhe ragen und mit der ganzen malerischen Bergkette die Zierde der Gegend bilden. Doch kehren wir nach Königstein zurück.

Festung Königstein

Die zweite Ansicht, die wir dieser reizenden Gegend widmen, die uns Hunderte der schönsten Bilder darbietet, hat uns Königstein nähergerückt und stellt in den nächsten Umgebungen der stattlichen Ruine ein interessantes Gemälde vor unsere Blicke. Unter den zerstörten Burgen am Taunus ist die Königsteiner die schönste und auch an Umfang die bedeutendste; und unsere Ansicht, in der wir diesen ehemals so stolzen Bau nur in seiner jetzigen Zerstörung erblicken, gibt doch noch ein deutliches Bild der ehemaligen Gestalt und Größe der alten Veste. Aus den doppelten Ringmauern ragt das Schloßgebäude mit dem noch ziemlich erhaltenen viereckigen Thurme hervor. Schon unter Karl dem Großen, der hier eine Versammlung gehalten, soll die Burg bestanden haben. Doch reichen die Urkunden nur bis zum Jahre 1256, wo sie zuerst unter dem Namen Kunigestein vorkommt. Sie war die Residenz einer Linie der Herren von Falkenstein. Die fehdelustigen Ritter von Reifenberg eroberten die Burg 1373; später kam sie durch Erbschaft an die Grafen von Stolberg, und von diesen an Mainz; sie war die Wohnung eines adeligen Ober-Amtmannes und der Aufenthaltsort für die Mainzer Staatsgefangenen. Im Jahre 1793 wurde die Veste nebst dem Städtchen von den Preußen belagert und erobert, 1796 aber von den Franzosen wieder besetzt und ward 1800 ein Opfer ihrer Zerstörungswut, die uns gerade in den segensreichsten Gefilden des südlichen Deutschlands die traurigsten Spuren zurückgelassen hat.

Die Ruine Königstein

Wir erblicken auf unserer Ansicht die Ruine Königstein von der entgegengesetzten westlichen Seite, und es gibt diese Ansicht ein noch lebhafteres Bild der Zerstörung. Nichts als Verwüstung vor uns; die sonst so wohnlichen Säle und Gemächer in diesen hohen stolzen Mauern liegen in Trümmern, und unwillig über die übermütigen Zerstörer, irren wir umher in den Ruinen, durchkriechen die halbverschütteten unterirdischen Räume und Gänge, schauen aus den hohen Fenstern der Säle und Gemächer in den Burghof hinab, in dem einst kampflustige Ritter ihre mutigen Rosse tummelten, und versetzen uns in jene alte romantische Zeit, die unter diesen Ruinen mit ihrem ganzen Zauber sich unserer Phantasie aufdrängt. Doch wir verlassen die Stätte der Verwüstung und eilen, uns an der

Die Ruine der Festung Königstein im 19. Jahrhundert.

Das Dörrsche Häuschen bei Falkenstein.

herrlichen Aussicht zu erquicken, die sich hier dem Blicke öffnet. Schade, daß der vorstehende Harteberg die Aussicht nach S.O. beschränkt. Reich dagegen ist die Fernsicht auf die nahe liegenden Höhen und Thäler und weiterhin nach der Rhein-Ebene bei Worms, dessen Dom hier deutlich zu erkennen ist.

Das Belvedere bei Falkenstein

Wenn man sich von der Ruine Falkenstein gen Mittag wendet, kommt man ans äußerste Ende des Bergrückens, an die isolierte offene Stelle, die unser Bild so malerisch zur Anschauung bringt. Die Aussicht, die man hier genießt, ist fast dieselbe, wie in der Nähe der Schloßruine gleichen Namens. Wir erblicken hier auf einer Anhöhe ein Häuschen, die schöne Aussicht (Belvedere) genannt, auf vier schlichten Holzsäulen erbaut, welche eine prachtvolle panoramatische Fernsicht gewährt, und dem Frankfurter Handelsherrn Dörr, dessen wir schon unten in dem Artikel Königstein gedacht, sein Entstehen verdankt. Dieser Ort ist ein Lieblingsplätzchen aller Spaziergänger, die sich gemeiniglich hier auf dem saftigen Grün im Schatten dichtbelaubter Eichen lagern, um zur Fortsetzung ihrer romantischen Exkursion neue Kräfte zu sammeln, und sich an dem zauberischen Anblick der Natur, die dieser Punkt nach allen Richtungen hin dem Auge darbietet, zu ergötzen.

Falkenstein

Von Königstein aus wenden sich die fröhlichen Taunuswanderer gewöhnlich nach den pittoresken Ruinen der ehemaligen stolzen Burg Falkenstein, die an dem nördlichen Ende des hohen waldigen Bergrückens ostwärts von Königstein liegt und nur durch ein Thal davon getrennt ist, da, wo gewaltige Felsenmassen aufeinander getürmt sind, zu denen ein herrlicher Waldpfad führet. In uralter Zeit stand hier die Stammburg der reich begüterten, mächtigen Grafen von Falkenstein. Sie wurde zerstört und an ihre Stelle das Schloß Neu-Falkenstein aufgebaut, das im Laufe der Jahrhunderte Besitzern aus verschiedenen Familien angehörte. In den Zeiten des Faustrechts standen die Herren von Falkenstein im Bunde mit den meist verwandten Rittern von Königstein, Kronberg und Eppstein. Auf verabredete Zeichen, die sie sich durch Fahnen, Fernrohre und Feuerstangen gaben, brachen sie hervor aus ihren Burgen, um die herannahenden Fußgänger, Reiter und Fuhrleute zu berauben. – Lange schon ist Falkenstein eine Ruine. Die wenigen Überreste der einst so starken Felsenburg, dem Sitz der kühnen Wegelagerer, sehen wir auf unserem Bilde, das außerdem die Aussicht auf das nahe Königstein gewährt. Verderblich war im Jahre 1703 diese Höhe für das Städtchen Königstein, das in diesem Jahre von hier aus durch die Preußen beschossen und zum Theil eingeäschert wurde. – Unter allen Burgen am Taunus hat Falkenstein die höchste Lage, und entzückend schön ist die Aussicht in die Nähe und Ferne. Rhein und Main sehen wir durch die reiche Ebene hinströmen. Auch werden eine Menge von Ortschaften, darunter die Städte Homburg, Hanau, Aschaffenburg, Darmstadt und Frankfurt dem Auge sichtbar. Besonders deutlich tritt das pallästeprangende Frankfurt hervor mit seinem gewaltigen Pfarrthurme, und in weiter Ferne erblicken wir selbst die Dome von Speier und Worms. – Unten an der westlichen Seite des Berges zieht sich der sogenannte Teufelsweg hin. Der Zauberer, welcher der Sage nach den Altkönig bewohnte, soll ihn mit Hilfe der Berggeister in einer Nacht gebahnt haben, wofür ihm sein geliebtes Burgfräulein zuerkannt wurde. Eigentlich aber ist dieser Weg ein Theil der Römerstraße, die von Heddernheim zum Pfahlgraben hinführte.

*

Wer auf dem Gebirge über Kronberg höher hinansteigt, nimmt seinen Weg nach dem Falkensteiner Schlosse durch das gleichnamige Dörfchen, das an den steilen östlichen Bergabhang hinangebaut ist. Man unterlasse es nicht, ein Gärtchen zu besuchen, das terrassenartig an der felsigen Bergwand angelegt ist, um der überraschenden Fernsicht willen, die sich von hier aus besonders nach Osten hin dem Auge darbietet. Unser Bild gibt uns eine recht anziehende malerische Partie des Örtchens, an dem östlichen Eingange desselben aufgenommen. Hoch oben über dem Dorfe auf steilem Felsengipfel erhebt sich die verfallene Burg. Einst sah sie stolz hernieder auf die bescheidenen Wohnungen, deren Insassen sich hier unter dem Schutze der mächtigen Ritter niedergelassen hatten. Zerstört und verödet ist nun die feste Burg, ausgestorben das edle Geschlecht, das in ihr hauste, während in den niederen Hütten immer neues Leben sich regt und lebhaft daran erinnert, wie dauernd bescheidenes Treiben fortwirkt, während stolze Größe unvermeidlichen Fall sich bereitet.

Kronberg

Eine halbe Stunde südöstlich von Falkenstein, in einer der reizendsten Umgebungen am ganzen Taunusgebirge und einer der schönsten von Deutschland, liegt am Fuße des Altkönig, von Waldgebirgen geschützt gegen Nord und Nordost, umgeben von Obst- und Kastanien-Wäldern, Baumschulen und Gärten das belebte Kronberg, umweht von den milden Lüften des südlichen Klimas. Von allen Seiten gesehen bietet Kronberg einen malerischen Anblick dar. Eine der reizendsten Ansichten gibt unser Bild. Wir befinden uns auf einem Pfade, der beschattet von Kastanienbäumen, am Abhang des Harteberges herunter in ein üppiges, von einem klaren Bächlein bewässertes, Wiesenthal führt. Auf der entgegengesetzten Seite sehen wir die Burg und das Städtchen am nordwestlichen Abhang eines Hügels. Aus der Häuser Mitte empor steigt der Thurm der evangelischen Johanniskirche. In einem kolossalen Gebäude neben derselben ist jetzt ein Gasthof eingerichtet. Dieses Gebäude war zu einem katholischen Tempel bestimmt, aber in Folge eines dreißigjährigen Prozesses, der zu Gunsten der Evangelischen verglichen wurde, erreichte es die bezweckte Bestimmung nicht. Ausgezeichnet und weit und breit berühmt sind Kronbergs Baumschulen, um die sich der 1813 verstorbene Pfarrer Christ entschiedene Verdienste erworben hat. Die Kastanienbäume, die ein Ritter von Kronberg aus dem Morgenlande hierher verpflanzte, liefern eine ausgezeichnete schmackhafte Frucht und Kronberg ist der nördlichste Punkt in Europa, wo dieselbe Frucht gedeiht. Die reizende und gesunde Lage von Kronberg zieht manche Gäste hierher, die den Sommer über hier verweilen und sich an der milden und dabei doch stärkenden Bergluft neu erkräftigen.

Burg Kronberg

Der Künstler hat bei diesem Bilde unstreitig den glücklichsten Punkt gewählt, um uns mit einer Ansicht der Burg zugleich den schönsten Theil der Fernsicht zu geben, die sich hier dem Auge darbietet. Man überschaut von der Burg aus einen großen Theil der reichen fruchtbaren Wetterau, die Gebirge im Fuldischen und in Franken, die Höhen des Odenwaldes, das linke Rheinufer vom Donnersberge bis zum Hardt-

Kronberg mit der Burg im 19. Jahrhundert.

gebirge, eine Strecke von 20 bis 30 Stunden in die Länge und Breite. Auf unserem Bilde sehen wir Frankfurt, Höchst und Eschborn ganz besonders hervorglänzen. Der Ursprung der Burg, deren Überreste wir hier vor uns sehen, reicht nicht über das 13. Jahrhundert hinauf, und zwar wurde sie von einem Ritter von Eschborn angelegt, der sich hier niederließ. Die Burgherren waren weniger die Herren als die Schutzherren der Stadt, die ihre eigene Verfassung hatte und deren Einwohnern namentlich Kaiser Karl IV. gleiche Rechte mit der Frankfurter Bürgerschaft zugestand. Ein Beweis, wie mächtig damals das alt ritterliche Geschlecht von Kronberg war, ist die Thatsache, daß im 14. Jahrhundert, den 12. Mai 1389, zwischen den Kronbergern und Frankfurtern bei Eschborn ein Treffen geliefert wurde, in welchem die Letzteren eine schwere Niederlage erlitten. Ein Gemälde dieser Schlacht ist in dem verfallenen Burgschlosse in einem Schulzimmer zu sehen. Was der Lage Kronbergs noch ein besonderes Interesse gewährt, ist ihre große Ähnlichkeit mit der Lage und Umgebung von Jerusalem. Der Reisende Jahn, der das gelobte Land und die heilige Stadt gesehen hat und dem wir den genauesten Plan von Jerusalem verdanken, war, als er Kronberg besuchte, in hohem Grade von dieser Ähnlichkeit überrascht. Darum scheint denn auch die Vermutung nicht ohne Grund, daß jener Ritter von Eschborn, aus dem gelobten Lande heimgekehrt, diesen Ort zur Anlage eines Schlosses und einer Stadt gerade um dieser Ähnlichkeit willen sich auserkohren habe. Ausgezeichnet unter den Rittern von Kronberg ist jener wakkere Hartmuth, ein Vetter und Geistesverwandter Franzens von Sickingen. Er hat in Kronberg die lutherische Lehre eingeführt, und es ist dieses überhaupt der erste Schritt auf der Bahn der Reformation im ganzen Umfange des jetzigen Herzogthums Nassau. Der bedeutendste Theil des großen Schlosses ist zerstört und zerfallen. Trümmer des Rittersaales und anderer schön verzierter Gemächer sind noch wahrzunehmen. Auf dem hohen noch wohlerhaltenen Burgthurme genießt man die schönste Aussicht und sieht namentlich auch durch das Thal von Eppstein bis zu dem Bergrücken der Platte bei Wiesbaden. Die Burgkapelle wird zum katholischen Gottesdienste benutzt. In ihr und der evangelischen Kirche stehen die Ritter Kronberg und ihre Frauen auf Stein trefflich abgebildet ein Zeugnis von dem damaligen Kunstgeschmack dieses edlen Geschlechtes.

Kronthal

Von Kronberg aus wandern wir auf etwas steilem Pfade zwischen Gärten, Wiesen und Obstpflanzungen hinunter nach dem nur eine Viertelstunde südwestlich gelegenen Kronthal. Unser Bild versetzt uns mitten in das anmutige Thal, das nun schon seit mehreren Jahren den Ruf eines namhaften Kurortes – und zwar mit vollem Rechte – behauptet. Von drei Seiten eingeschlossen liegt es geschützt von rauhen Stürmen und Winden. Im Westen und Norden steigen dicht bewaldete Berge empor – und im Osten nach Kronberg hin erhebt sich ein sanfter Hügel, mit Baumschulen überdeckt. Vor uns liegt das ansehnliche in eigentümlichem Stil erbaute Kurhaus, einer Frankfurter Aktien-Gesellschaft gehörend, welche für die Badegäste vorzügliche Sorge trägt. Auch in der zur Linken sichtbaren sogenannten Ziegelhütte findet man gute Aufnahme und Verpflegung. Zur Rechten sehen wir das geschmackvolle Badehaus, in welchem man bequem eingerichtete Bäder antrifft. Es ist von dem Medizinalrat Dr. Köster aus Kronberg erbaut worden, einem Manne, der sich um Kronthal entschiedene Verdienste erworben hat, indem er vorzüglich auf die Heilkraft der Quellen aufmerksam

Blick auf Kronthal im 19. Jahrhundert.

machte und für Aufnahme der Gäste zuerst Sorge trug. In des Thales Mitte sprudeln die Quellen hervor, die zum Trinken und Baden ein vortreffliches Wasser liefern, dessen Heilkraft immer mehr erkannt und gewürdigt wird. Mit jedem Jahre nimmt denn auch die Zahl der Kurgäste zu – und viele schon verdanken dem Wasser von Kronthal Heilung und Linderung ihrer Leiden. – An schönen Sommertagen wird außerdem das stille Thal von einer Menge von Lustreisenden belebt, die entweder hier das Ziel ihrer Wanderung gefunden oder von hier aus weiter ihre Reise ins Gebirg fortsetzen.

Soden

Einer der bemerkenswertesten Orte am Taunus ist Soden, an der Straße, die von Höchst nach Königstein führt. Unsere Ansicht gibt uns einen Überblick über das ganze Dorf, von der der Landstraße entgegengesetzten Seite aufgenommen. Schön ist seine Lage zwischen sanften Hügeln, die sich im Norden und Nordosten zu ansehnlichen Anhöhen erheben und Soden vor den rauhen Winden beschützen. Links steigt der Dachberg empor, der Lieblingsspaziergang der Sodener Kurgäste. Auf der Höhe sehen wir die Kirche von Neuenhain, in der Mitte des Bildes den Burgberg und den fernen Hintergrund bilden die höchsten Berge des Taunus, Feldberg und Altkönig. – Soden, so wie das nahe liegende Sulzbach waren einst freie Reichsdörfer. Beide traten im 13. Jahrhundert mit Frankfurt in einen Bund gegen den benachbarten raubsüchtigen Adel. Später verpfändeten sie ihre Freiheit für ein Anlehen von 300 Gulden, das ihnen die Bundesstadt geleistet. Aber nun war es um ihre Unabhängigkeit geschehen, denn diese erlangten sie nicht wieder, selbst als sie die geliehene Summe wieder zurückerstatteten. Im 17. Jahrhundert teilten sich Frankfurt und Mainz in die Oberherrlichkeit über beide Orte, bis sie in diesem Jahrhundert an das Herzogtum Nassau fielen. Die seit mehreren Jahren eingegangene Saline wurde 1486 von Frankfurt gebaut und der Gesundbrunnen im Garten des Nassauer Hofes ebenfalls von Frankfurt 1494 mit einer Einfassung umgeben. So alt und bekannt ist diese Heilquelle, und schon damals wurde Soden dieser Quelle wegen stark besucht. Im Dreißigjährigen Kriege brannte die Hälfte des Ortes ab, und die Einwohner selbst deckten den Brunnen mit einem Mühlsteine zu. Erst gegen das Ende des 17. Jahrhunderts wurde die Quelle wieder aufgefunden. In den letzten Jahren sind gegen 60 mineralische Quellen – und darunter einige ganz vorzügliche – entdeckt und zum Teil gefaßt worden. Ihre heilkräftige Wirkung wird bei vielen Krankheiten und körperlichen Leiden mit Recht gerühmt. Auch nimmt die Zahl der Kurgäste aus der Nähe und selbst aus weiter Ferne mit jedem Jahre zu, so daß Soden bald zu den besuchtesten unter den Taunusbädern gezählt werden darf und wohl gar manchem renommierten Kurorte den Rang streitig machen wird. Darum geschieht denn auch in der neuen Zeit stets mehr und mehr zur besseren Aufnahme, Verpflegung und zum Vergnügen der Kurgäste. Mit jedem Jahre entstehen neue Wohnungen, und namentlich hat sich auf beiden Seiten der durchführenden Landstraße eine neue Straße mit den wohnlichen Häusern gebildet. Die noch jungen Anlagen und Spaziergänge breiten sich weiter aus, und in der nächsten Zeit wird in ihrer Nähe ein ansehnliches Kurhaus aufgeführt werden. Die meisten Spaziergänge unternehmen die Badegäste nach dem Dachberg, den nahen drei Linden, nach Hofheim, Mammolsheim, Kronthal, Königstein und der rothen Mühle, lauter Punkte, die theils durch ihre romantische Lage, theils durch treffliche und gastliche Aufnahme, die man

Blick auf Soden im 19. Jahrhundert.

daselbst findet, einladen und den Kurgästen eine Abwechslung in ihren Erholungs-Spaziergängen darbieten, die man in anderen Bädern oft sehr vermißt.

Oberursel

Eine gute Stunde östlich von Kronberg am Fuße der erhabenen Taunushöhen liegt Oberursel in einer äußerst lieblichen reizenden Gegend, umgeben von reichen Obsthainen, fruchtbaren Gefilden und wasserreichen Wiesen, durchrauscht von dem mühlentreibenden Urselbache, der im nahen Gebirge aus dem Rumpfe eines Buchbaums entspringt. Wohl und frei fühlt man sich auf dieser Hochebene, die in der Nähe so viele Reize gewährt und in die weite Ferne eine entzückende Fernsicht darbietet. Der freundlichste Aufenthalt für den Reisenden ist der Schützenhof am südlichen Ende von Oberursel, wo für Erfrischungen aller Art bestens gesorgt ist. Vor dem Hause stehen große schattige Linden, und aus dem Saale des Hauses herausschauend breitet sich ein herrliches Gemälde vor unseren Blicken aus. Zur Rechten ruht das Auge auf einer Reihe von Mühlen und Kupferhämmern am Urselbache, weiter südlich erscheinen die romantisch an einem sanften Abhange gelegenen Dörfer Stierstadt und Weißkirchen, gerade vor uns eine herrliche Wiese, an deren Ende der Kirchhof mit einer Kapelle, und in der Ferne sieht man in die fruchtbare Wetterau und das reiche Mainthal, aus dem sich Frankfurt schimmernd hervorhebt. Das ringsum mit einer Mauer umgebene belebte gewerbstätige Städtchen selbst ist recht freundlich und besitzt namentlich einen schönen mit Bäumen umgebenen Marktplatz. Schon vor 1000 Jahren wird der Ort in Urkunden erwähnt. Im 16. Jahrhundert errichteten Flüchtlinge aus Mainz hier eine Buchdruckerei, aus der manches gute Werk hervorgegangen. Der Ort besitzt ein reiches Hospital, ein Trost- und Zufluchtsort für arme Kranke und heruntergekommene alte Leute. Den interessantesten Punkt des Innern des Städtchens stellt unser Bild dar, unser Auge sieht sich besonders angezogen durch die gothische Kirche mit ihrem schönen schlanken spitzen Thurme, der seiner Aussicht wegen bestiegen zu werden verdient und dessen harmonisches Geläute weit umher erschallt. Auch das Innere der reich dotierten Kirche ist sehenswert und namentlich der Chor, im rein gothischen Stile erbaut.

Homburg v.d. Höhe

Von Oberursel aus nordöstlich wandernd gelangen wir durch fruchtbare Felder in einer kleinen Stunde nach Homburg, dem in mehrfacher Beziehung interessanten Hauptorte am oberen Taunus. Herrlich ist die Lage dieser freundlichen Haupt- und Residenzstadt des souveränen Landgrafen von Hessen-Homburg. Natur und Kunst haben sich vereinigt, Homburgs Umgebungen zu einem der schönsten und anziehendsten Punkte am ganzen Taunus und in der ganzen Gegend zu machen. Unser Bild stellt uns auf einen östlich gelegenen mit einem offenen Tempelchen geschmückten Hügel, von wo aus wir auf Stadt und Gegend eine herrliche Aussicht genießen. Unter uns breitet sich ein schöner Wiesengrund aus, uns gegenüber liegt das freundliche, rings von schönen Gärten umgebene Homburg mit seinem Residenzschlosse, aus dessen Mitte der stattliche sogenannte weiße Thurm hervorragt. Rechts sehen wir einen Theil des großen Tannenwaldes und das schöngelegene, leider unvollendete, fürstliche Jagdschloß, und im Hintergrund erheben sich die majestätischen Taunusberge, der Altkönig und Feldberg mit ihren südlichen Vorhöfen. Homburg zerfällt in die eng-

Das Schloß Homburg im 19. Jahrhundert.

gebaute hügelige Altstadt und die regelmäßig und schöngebaute Neustadt. Die Hälfte der letzteren und das eine Stunde entfernte Homburgische Städtchen Friedrichsdorf verdanken ihre Entstehung einer Anzahl protestantischer Flüchtlinge aus der Picardie, die hier im Jahre 1687 eine gastliche Aufnahme und ein neues Vaterland fanden. Durch eben diese Ansiedler kam viel Gewerbstätigkeit und Wohlstand in Stadt und Land. Homburg besitzt mehrere wohltätige Stiftungen, unter denen sich das wohleingerichtete Waisenhaus und eine reiche Anstalt zur Aufnahme und Verpflegung alter verarmter Männer und Frauen besonders auszeichnen. Die Umgebungen von Homburg sind reich an herrlichen Spaziergängen und Anlagen. Darunter zeichnen sich aus: Die Allee, der große und kleine Tannenwald, der Forstgarten, der Elisabethenstein, die Goldgrube, der englische Garten, der Forellenteich im Norden und die neuen Anlagen an dem Gesundbrunnen auf der östlichen Seite von Homburg.

*

Auf dem höchsten Punkte des Hügels, den Homburg bedeckt, steht das Schloß, die herrlich gelegene Wohnung der landgräflichen Familie. Es ist in einem schönen einfachen Stil erbaut, enthält außer der Fürstenwohnung auch die lutherische Stadtkirche und die reformierte Schloßkapelle und umschließt mehrere Höfe, in deren letzterem der von allen Seiten freie, sogenannte weiße Thurm steht, an dessen Westseite ein aus den Trümmern des fünf Viertelstunden entfernten Römerkastells, der Saalburg, ausgegrabener Stein mit römischer Inschrift eingemauert ist. Von drei Seiten ist das Schloß mit einem geschmackvoll angelegten Lustgarten umgeben, der den Spaziergängern jederzeit offen steht. Ein gar freundliches wohlgelungenes Bild des Schlosses und eines Theils seiner Umgebung gibt unsere Ansicht. Der klare Teich ist rings mit dunklem Gebüsch umkränzt. Über ihm prangt das Schloß von der Westseite, und den weißen Thurm sehen wir in seiner ganzen Größe. Dieser Thurm ist der einzige Überrest des alten Burgschlosses, das bis zum Ende des 15. Jahrhunderts von der Ritterfamilie Brendel von Hohenberg oder Heinburg bewohnt wurde, deren letzter Sprößling als Kurfürst von Mainz gestorben ist. Den Bau des jetzigen Schlosses hat der aus der hessischen Fürstenfamilie hervorgegangene Stammherr der jetzigen Landgrafen von Hessen-Homburg, Landgraf Friedrich II. mit dem silbernen Beine im Jahre 1680 begonnen. Derselbe Friedrich II. hat in der Schlacht bei Fehrbellin 1675 die Entscheidung des Sieges über die Schweden herbeigeführt. Über dem Schloßthore ist er in Stein ausgehauen und über der Thür des rechten Flügels steht sein Brustbild in Metall. Die Familie der Landgrafen von Homburg war von jeher reich an ausgezeichneten Männern. Der jetzt regierende Landgraf Ludwig, der zugleich Gouverneur von Luxemburg ist, und alle seine Brüder haben dem Vaterlande große Dienste geleistet und sich sämtlich den Heldennamen erworben. Herrlich, mannigfaltig, entzückend ist die Aussicht aus dem Schlosse, namentlich von dem weißen Thurme aus. Im Norden das nahe Gebirg, deutlich überschaut das Auge die schönen Anlagen zu Homburg, die großartige Allee nach dem großen und kleinen Tannenwald, dem Forstgarten, dem Jagdschloß. Auch kann man einen Theil des Weges verfolgen, der von Homburg aus durch die Wälder nach dem drei Stunden entfernten Feldberge führt. Nach Osten, Süden und Westen schweift der Blick in der reichen, mit Städten und Dörfern bedeckten Ebene und voll der herrlichsten Eindrücke verlassen wir den schönen Standpunkt, der unseren Blicken so viele Reize dargeboten.

Das Homburger Kurhaus im 19. Jahrhundert.

Das Kurhaus bei Homburg

In der Mitte des nahegelegenen schönen Wiesengrundes, östlich von Homburg, entspringen einige Mineralquellen, welche Homburg ohne Zweifel bald den Ruf eines bedeutenden Kurortes und damit unberechenbare Vorteile verschaffen werden. In der Nähe dieser Quellen ist das Kurhäuschen aufgeführt, das wir auf unserer Ansicht abgebildet sehen. Schon seit Jahrhunderten sind die sehr gehaltreichen Salzquellen bekannt, die einst das beste Salz in der ganzen Gegend lieferten, doch schon seit dem Dreißigjährigen Kriege sind die Salinen eingegangen, aber die besten Dienste leisten diese Quellen als Bäder. Eine andere Quelle, ähnlich der berühmten Quelle zu Selters, hat man im Jahre 1809 entdeckt und erst vor kurzem neu und äußerst geschmackvoll gefaßt. Sie quillt mitten in dem dunkeln Pappelhain, den wir auf unserem Bilde erblicken. Die Hauptquelle jedoch, lange Zeit unbeachtet, ja gänzlich vergessen, ist erst vor einigen Jahren wieder aufgefunden worden. Sie liegt einige hundert Schritte südlich vom Kurhäuschen und ist erst neuerlich gefaßt. Die eminenten Heilkräfte dieser Quelle, die der Kissinger Ragozicquelle gleichgeachtet, ja von manchen über diese gestellt wird, sind so vorzüglich, die nun seit einigen Jahren eine immer größere Zahl von Fremden hierherziehen und die sichere Aussicht geben, Homburg werde unter den Kurorten bald eine bedeutende Stelle einnehmen. Auch ist Homburg außerdem zum Kurorte ganz besonders geeignet. Die gesunde Bergluft, die ausgezeichnet schöne Gegend, die herrlichen Umgebungen, die große Auswahl von Spaziergängen, die mannigfaltigen Anlagen, das nahe Taunusgebirge, dessen interessanteste Punkte von hier bequem besucht werden können, die Nähe von Frankfurt, die zuvorkommende Freundlichkeit der Bewohner Homburgs und deren immer wachsender Eifer, durch großartige, zweckmäßige Anstalten für Bequemlichkeit, Erholung und Vergnügen der Kurgäste Sorge zu tragen, alles das muß dazu beitragen, Homburg zu einem anziehenden und beliebten Aufenthalt für Fremde zu machen. Die Anlagen bei den Gesundquellen sind zwar noch jung, aber vielversprechend, und bald wird ein Theil des Wiesentales in schattige, einladende Spaziergänge umgewandelt sein. Am weitesten sind die Anlagen und am lieblichsten ist der Aufenthalt bei dem Kurhäuschen. Man hat von da aus eine schöne Aussicht talaufwärts nach dem Gebirge hin, zur Seite tritt Homburg hervor und südlich liegt das Homburgische Dorf Gonzenheim unter Obstbäumen hervorschauend. Besonders lebhaft ist es am Kurhäuschen an bestimmten Tagen, wo die fürstliche Hofkapelle regelmäßig Musikstücke aufführt. Dann findet man hier die meisten Kurgäste und die vornehme Welt von Homburg versammelt. □

Nachwort

Christian Carl Jügel (geb. 1783 in Düren, gest. 1869 in Frankfurt) war Reiseschriftsteller und Buchhändler. Seit 1823 betrieb er am Frankfurter Roßmarkt eine Buchhandlung und gleichzeitig einen Verlag, in dem er Bücher und Karten über die Rhein-Main-Region herausgab. 1839 verlegte er das „Taunus-Album“, illustriert mit zeitgenössischen Bildern unbekannt gebliebener Künstler. Das vorliegende Buch entstand auf der Grundlage des Jügelschen Textes, der zum Teil etwas bearbeitet worden ist. Die Bilder stammen aus dem gleichen Werk über den Taunus. Sechzehn Farbfotos stellen die Region aus heutiger Sicht bzw. auf Farbpostkarten um 1900 vor. □

Der Kronberger „Malerblick“: Burg und Stadt am Morgen.

Verschneiter Taunus: Der Feldberg im Winter.

Wanderziel Feldberg: Postkarte des Gasthauses um 1905.

Das alte Feldberghaus: Postkarte aus dem Jahre 1910.

Oberreifenberg im Winter: Hoch über allem die alte Burg.

Viel Grün ringsum: Blick auf Königstein.

Das Burgfräulein mit ihrem Hofstaat: Königsteiner Burgfest.

Taunuswanderer unterwegs: Orientierung nach der Karte.

Kurpark Bad Soden: Historischer Brunnen und Hundertwasser-Haus.

Blick auf Burg und Stadt: Verträumtes Eppstein.

Kronberg bei Tagesanbruch: Blick vom Berg auf die Burg.

Kronberg von seiner schönsten Seite: Burg und Stadt.

Die Saalburg: Beliebtes Ausflugsziel seit 1900.

Gruss vom KAISER-MANNÖVER.

Erholung auf stillen Pfaden: Der Taunus ist ein Wanderparadies.